AF338766

CONSIDÉRATIONS

SUR LE

MODE DE PAIEMENT DES FRAIS DE GUERRE

SUR

LA RÉORGANISATION DE L'ARMÉE

ET

LES FORTIFICATIONS DE PARIS

PAR

M. ANGE DE LÉON

Ancien Maire de Rennes.

—

— 1871 —

Onze tribuns s'emparent violemment du pouvoir.

Paris étonne le monde par sa constance à supporter les horreurs du bombardement et de la famine, mais aussi par ses fatales dissensions intestines.

Les trois dictateurs de la délégation foulent aux pieds les lois et les libertés, lèvent sans contrôle les hommes et l'argent, désorganisent l'armée et laissent l'invasion promener la destruction sur trente de nos départements.

Enfin, la France entière s'affaisse dans un désespoir impuissant.

C'est donc à notre génération à supporter les cruelles conséquences de ses coupables erreurs. Il serait injuste de rejeter ce fardeau sur nos fils innocents. Un emprunt n'est légitime qu'autant qu'il assure, comme les chemins de fer, plus de profit que de perte à nos successeurs. Mais je ne comprendrais pas un emprunt dans les conditions ordinaires, qui aurait pour résultat de dégager le présent pour charger l'avenir, et de condamner nos enfants à une éternelle impuissance. Gardons-nous de perpétuer ce honteux tribut. Ne reculons devant aucun sacrifice pécuniaire : faisons un emprunt, puisqu'il le faut, mais amortissons-le en peu d'années ; hâtons-nous de payer capital et intérêts, et d'affranchir le sol de la patrie de la présence de l'étranger. Les Etats-Unis, en remboursant chaque année une partie de leur dette au moyen d'impôts spéciaux, nous montrent l'exemple ; suivons-le courageusement ; ce prodigieux effort n'est pas au-dessus des ressources de la France, comme nous allons essayer de le démontrer.

La France est une puissance maritime, elle ne peut guère songer à trafiquer de ses colonies insulaires, qui alimentent son commerce et lui offrent des ports de relâche et de ravitaillement. La cession de ses îles porterait une nouvelle atteinte à ses intérêts et surtout à son orgueil national. Elle ne peut non plus aliéner ses forêts, car nul propriétaire n'est assez riche pour conserver des futaies, et bientôt elle ne trouverait plus sur son sol une pièce de bois de marine, ce qui serait très-dangereux en cas de guerre maritime.

Nous n'avons donc rien à vendre pour nous procurer des capitaux, et notre opération doit reposer tout entière sur les bases de l'économie et de l'impôt.

La France seule ne pourrait fournir les sommes exigibles, elle devra solliciter le concours des marchés étrangers. Or, notre crédit en Europe dépendra de la politique plus ou moins sage que nous suivrons à l'intérieur. Si la république se prolonge, si l'anarchie continue, si les émeutes se renouvèlent, nous ne trouverons que peu d'argent à des taux très-élevés. Si au contraire l'ordre se rétablit, si l'on revient à une monarchie constitutionnelle, appuyée sur les bases solides de l'hérédité légitime; si les Français se rallient autour du trône comme ils le faisaient naguère autour du drapeau sur le champ de bataille, nous verrons l'emprunt se réaliser dans de bonnes conditions. Le sort de notre négociation est donc entre nos mains.

Il faudrait refondre entièrement le budget des dépenses, trancher dans le vif, réduire toutes les branches de dépenses, ajourner toutes les améliorations coûteuses, et arriver forcément à une notable économie.

Pour désintéresser nos créanciers, nous contracterions les emprunts spéciaux les plus considérables que nous pourrions, et nous commencerions immédiatement à les amortir au moyen des ressources suivantes, qui ne pourraient être diverties pour un autre emploi :

Économies de 200 à 250 millions sur le budget actuel, qui ne monte pas à moins de 2 milliards; rétablissement ou surélévation des tarifs des douanes, 100 à 150 millions; augmentation de 5 à 600 millions, répartis proportionnellement sur toutes les contributions quelconques, directes et indirectes, existant maintenant, de manière à rembourser un milliard chaque année.

Sans doute ce sacrifice serait bien pénible; mais aussi, en dix ou quinze ans, capital et intérêts, tout serait payé, et la France redeviendrait riche, prospère et libre de ses actions, comme avant la guerre.

Pour soulager d'autant le poids de ces contributions extraordinaires, l'État interdirait aux départements, aux villes et à toute association de créer de nouvelles charges.

Prendre ce parti ne serait pas utile seulement au point de vue financier, mais encore au point de vue de la politique et de la morale.

Il est important que la génération qui fait la guerre en paie immédiatement les frais par une augmentation d'impôts; autrement elle n'en sent pas les charges, grève sans souci l'avenir, et est moins éloignée de s'engager dans de nouvelles querelles. Les trois premières guerres de l'Empire ont été soldées par des emprunts, dont les intérêts étaient couverts par les augmentations des recettes budgétaires, en sortes que ces dépenses n'apportaient aucune diminution dans notre aisance. Si, comme le fit l'Angleterre, nous avions payé sur nos revenus les frais de guerre de Crimée, l'empereur n'eût pu entraîner la France dans les guerres d'Italie, du Mexique et de la Prusse, et notre dette ne se fût pas accrue de 14 ou 15 milliards en vingt ans. La détresse que nous allons subir serait donc une sauvegarde pour l'avenir et contribuerait à la restauration des mœurs publiques. Nous avons abusé de l'abondance, retrempons-nous dans les privations. De dangereuses théories ont sapé les bases essentielles de la société, soufflé sur toutes les classes un amour effréné de richesses, de jouissances, de frivolités, égaré la France dans les voies énervantes du sensualisme : la fortune prévalait sur le mérite et la vertu.

Qu'il n'en soit plus ainsi. Réagissons contre ce poison dissolvant. En tierçant volontairement l'impôt, en sacrifiant une partie notable de nos revenus, nous montrerons ce que nous pouvons faire pour la patrie. N'ayant plus d'argent superflu, nous nous bornerons aux dépenses honnêtes et nécessaires; nous reviendrons au foyer domestique, aux études sérieuses et au mâles résolutions. Cette noble attitude, cette énergique expiation couvriront nos faiblesses passées, réhabiliteront notre nom et nous rendront la place qui doit nous appartenir dans l'estime de l'Europe et de la postérité.

A Messieurs les Membres de la Commission militaire à l'Assemblée Nationale.

Messieurs,

Vos honorables collègues ont chargé votre expérience et votre dévouement d'élucider le difficile problème de la réorganisation de notre armée, question complexe dans laquelle on doit concilier tout à la fois les exigences de notre puissance militaire et les intérêts des familles.

Lorsque j'avais l'honneur d'être Maire de Rennes, j'eus occasion de m'occuper du mode de recrutement de l'armée, et j'adressai sur cet objet une brochure à MM. les députés lors de la discussion de la loi sur l'exonération. Aujourd'hui, j'ose prendre encore la liberté de soumettre humblement à votre haute et judicieuse appréciation les considérations suivantes sur cet important sujet.

Avant d'entrer dans la discussion de cette loi, il ne serait peut-être pas inutile de jeter un rapide coup d'œil sur la situation morale et militaire de la France et de la Prusse.

DE LA SITUATION MORALE ET MILITAIRE DE LA FRANCE ET DE LA PRUSSE.

La guerre désastreuse que nous venons de subir nous a révélé les ressources immenses que la Prusse peut tirer du caractère de sa nation et de son organisation militaire.

La Prusse n'a pas, comme nous, connu les révolutions intérieures. Ses ducs d'abord, puis ses rois se succèdent légitimement depuis des siècles. Les coutumes se sont modifiées avec le temps, sans secousses, et en conservant la hiérarchie des rangs et des influences naturelles. Les fonctions publiques, peu rétribuées, ne sont pas l'objet d'une violente ambition. Le luxe et les fortunes sont modiques. Le père de famille travaille au milieu de ses nombreux enfants. L'instruction primaire est universellement répandue ; on étudie pour savoir à fond la partie à laquelle on s'attache, et pour en retirer, par l'application, le plus de bénéfice possible. Il n'est pas un officier qui ne connaisse parfaitement la topographie de notre malheureux pays. Les classes les plus élevées, de savantes Universités et la Société internationale des ouvriers agitent, il est vrai, de dangereuses théories philosophiques et sociales; mais comme elles n'ont pas été mises en pratique par la révolution, elles n'ont pas encore pénétré dans les masses populaires. La religion exerce un salutaire empire sur les esprits et imprime fortement dans les âmes le sentiment du devoir.

Aucune nation en Europe ne s'est accrue aussi rapidement que la Prusse en territoire et en population. Le duché de Brandebourg de 1701 a absorbé la Confédération du Nord et du Sud de l'Allemagne. La population était, en 1742, sous Frédéric II, de 4 millions; elle était de 10 millions en 1815, qui sont montés, par la fécondité des mariages, à 19 millions, et par les conquêtes de 1866 et de 1871 à 40 millions d'habitants et près de 2 millions de soldats. Les Prussiens ont encore la vigueur et la sève expansive des peuples nouveaux, ils se sentent forts et ont soif de conquêtes.

Ils ont conservé l'esprit guerrier des anciens Germains. Le goût militaire est inné chez eux Tous leurs souverains se sont successivement préoccupés de l'organisation de leur armée et d'étendre leur territoire. Frédéric-Guillaume I consacra sa vie à préparer les phalanges que Frédéric II conduisit à la victoire. De nos jours, Guillaume IV a soutenu contre ses Assemblées les luttes les plus vives pour compléter cette puissante machine qui, sous la direction des Moltke et des Bismark, écrase les obstacles et élargit de toutes parts les frontières du royaume.

Pour obtenir ces résultats, il fallait une armée nombreuse et disciplinée.

Tout citoyen valide, marié ou célibataire, est soldat. Il passe quelques années dans l'armée active, puis dans la réserve, et enfin dans la landwehr.

La noblesse remplit les écoles militaires et commande l'armée active.

La bourgeoisie, après une année d'instruction, concourt pour le grade d'officier et commande la landwehr.

Les corps d'armée et les régiments sont recrutés par circonscriptions territoriales. Ils sont organisés comme s'ils allaient entrer en campagne; les cadres sont toujours au complet, en sorte qu'au premier appel tous les hommes du pays, sans déplacement pour ainsi dire, se rendent en un instant dans les rangs et sous les chefs qu'ils connaissent.

Une discipline sévère contient cette nombreuse armée, et s'exerce facilement sur des hommes qui ont conservé le respect de l'autorité divine et humaïne.

On ne peut se dissimuler que cette humeur martiale et agressive a rompu l'équilibre européen, et mis en danger l'indépendance des peuples voisins.

La sagesse de nos pères avait toujours tendu à pondérer la puissance des nations rivales, et à créer de petites Principautés entre les grands Empires pour prévenir entre eux les chocs et les difficultés du voisinage. Des traités reliaient les peuples et garantissaient aux faibles une possession assurée.

L'Allemagne et l'Italie contenaient un grand nombre de ces petits souverains, puissants pour la défense, impuissants pour l'attaque, et qui opposaient leur neutralité à l'invasion, comme le font encore si utilement aujourd'hui la Belgique, la Suisse et le Luxembourg.

Napoléon III a répudié, au grand préjudice de la France, cette politique traditionnelle ; au mépris des traités existants, il a proclamé la suppression des petits États, le principe des nationalités et des grandes agglomérations, et a fait aussitôt surgir sur nos flancs l'unité de l'Italie et de l'Allemagne.

Les nations voisines, isolées, sans alliances entre elles, se voient obligées de chercher en elles-mêmes la protection de leur indépendance, de transformer, malgré leurs répugnances, leurs citoyens en soldats, leurs finances en armements, et de demander à l'étude et au génie les inventions les plus meurtrières.

Ce fut un grand progrès pour la civilisation quand, il y a cinq siècles, on institua les armées permanentes pour combattre sur les frontières, et permettre aux populations civiles de continuer paisiblement, même pendant la guerre, leurs cultures et leurs industries. Mais voilà qu'au xixe siècle nous revenons aux us des temps barbares. Tous les hommes seront armés de fusils comme le lion de ses ongles. L'Europe ne sera plus la patrie de la civilisation, elle ne sera plus qu'un camp retranché.

Quand les populations entières sont sous les armes, les guerres d'extermination sont inévitables ; le vainqueur lui-même s'épuise par ses propres victoires. L'état moral de notre société rappelle les mœurs, les défaillances et les dissolutions de l'Empire romain. Craignons de nous affaiblir par des luttes sanglantes et d'ouvrir de nouveau la voie aux hordes du Nord.

En présence d'un danger aussi réel, l'Europe ne peut continuer le système politique qui l'a conduite dans une situation si critique. Elle devrait reprendre ses anciennes voies, si elle veut prévenir de nouvelles catastrophes. Mais le peut-elle? Les convoitises de la Prusse ne sont pas assouvies, la question d'Orient n'est pas résolue, le Souverain-Pontife ne peut rester sujet du roi d'Italie; dans les circonstances actuelles, un Congrès paraît peu probable. Une guerre générale semble donc à craindre, et nous devons nous y préparer en perfectionnant l'organisation de notre armée.

Pour qu'une institution porte ses fruits, il faut qu'elle soit dans les goûts et les inclinations de la nation, qu'on l'aime, qu'on s'y conforme sans regret, qu'on en subisse même volontiers les rigueurs. Or, les traits caractéristiques qui ont frappé tous les yeux dans cette dernière guerre, et qui ont déterminé ses succès, étaient, du côté des Prussiens, une volonté unique, une direction sûre, une exécution prompte et une discipline parfaite; du côté des Français, une autorité incertaine, un commandement inhabile et une indiscipline désespérante; nous ne retrouvions plus nos chefs et nos soldats de la Monarchie et du premier Empire. En vain de braves régiments de toutes armes, la bourgeoisie, la noblesse, les fils de nos plus nobles races ont combattu et versé leur sang sur tous les champs de bataille; ces héroïques exemples n'ont pu entraîner les masses désordonnées.

Quatre-vingts ans de révolution ont déterminé un relâchement universel dans tous les rangs, ont insinué dans les veines de la société le poison dissolvant de l'insubordination et de l'irréligion, ont étouffé dans les âmes le sentiment du devoir et paralysé les élans mêmes du patriotisme et du courage militaire. L'armée, sortie des entrailles du peuple, en réflète les vices et les vertus. Pour faire une bonne armée, commençons donc par régénérer la nation elle-même. On ne peut se dissimuler que la France, énervée par les jouissances, déchirée par ses propres mains, et renonçant à la souveraineté héréditaire pour se lancer dans les dangers d'une souveraineté élective, est exposée à subir le sort de la Pologne si elle ne recouvre la foi, la discipline, et les nobles et austères vertus qui font la force des armées et assurent l'indépendance des États.

A Iéna, le génie de Napoléon foudroya l'armée prussienne. Mais, sous le coup de ce désastre militaire, la nation unie se serra autour de son roi malheureux, conserva ses mœurs et ses vertus guerrières, et ne recula devant aucun sacrifice pour préparer le jour de la vengeance. Sa rancune fut implacable, et nos humiliations de

1871 sont la revanche de nos succès de 1806. Imitons cet exemple. Les vices énervants d'une civilisation excessive nous ont précipités dans l'abîme; relevons-nous. Retrempés dans les flots de l'adversité, remontons le rude sentier de l'abnégation et du devoir, et nos drapeaux retrouveront le chemin de la victoire. Ne nous laissons pas décourager par de tristes perspectives et songeons à la défense.

De la réorganisation de l'armée.

Quand une nation a essuyé un échec, elle s'en prend à l'armée qui n'a pu la défendre, et exalte l'organisation de celle de son ennemi, qui a été plus heureuse. Nous nous récrions aujourd'hui contre l'organisation de notre armée beaucoup plus qu'il n'y a lieu, quoiqu'elle laisse à désirer. Si nos troupes avaient été aussi nombreuses et aussi bien commandées que l'armée prussienne, il est probable que le sort des armes eût été différent, comme le prouvent la discipline, le courage, la constance avec lesquels nos soldats, depuis quinze jours, enlèvent les forts, les murailles et les barricades, combattent sous une pluie de balles, d'obus et de pétrole, et taillent en pièces, au milieu des ruines et des incendies, les monstres qui ont juré d'ensevelir Paris dans les flammes et la France dans le sang de ses enfants.

Avant donc de rejeter entièrement notre organisation, voyons s'il ne suffirait pas de la développer, ou s'il vaudrait mieux se rapprocher davantage du système prussien.

La loi de recrutement de 1852 répondait parfaitement aux besoins de l'époque. Mais en 1860, la Prusse modifia l'organisation de son armée. Après la bataille de Sadowa, le maréchal Niel reconnut la nécessité de doubler l'effectif de l'armée par l'organisation des gardes nationales mobiles. Après la dernière campagne, la France comprit que le système de la mobilisation était insuffisant, qu'il fallait des troupes aguerries pour résister aux armées régulières des Prussiens, et que la puissance des levées en masse n'était qu'illusion. « Je trouverai des hommes armés, mais je ne trouverai plus d'armée, » a dit le général de Moltke après la capitulation de Sedan.

Le problème à résoudre est donc de trouver le moyen de lever et d'instruire le plus de monde possible au moins de temps et d'argent possible, et sans entraver trop les autres carrières.

Deux systèmes sont en présence.

Premier système. — Recrutement annuel de 100,000 hommes. — Durée du service, huit ans, dont cinq dans l'armée active et trois dans l'armée de réserve. — En temps de guerre, ces trois années de réserve rentreraient dans leurs anciens régiments. — Les exemptions légales et pour cause d'infirmités seraient les mêmes que celles prévues par la loi de 1832, sauf le privilége en faveur des membres de l'Université, qui ne se justifie pas. — Le remplacement serait autorisé, le remplacé entrerait dans la réserve, un soldat de la réserve pourrait remplacer.

L'on a attribué en partie la défaillance de notre armée au trop grand nombre de remplaçants. Ce grief me semble exagéré, car ils ne représentaient que 6 % de l'effectif. Le remplacement n'a rien d'immoral en soi. Pourquoi priverait-on deux jeunes gens de faire leur fortune, l'un en se faisant remplacer et l'autre en remplaçant? Quelques règlements dans le mode de remboursement préviendraient tout désordre. Ce serait le frère du remplacé et non celui du remplaçant qui serait exempté. Le premier est sensé servir, il fait le sacrifice et l'autre le bénéfice.

Tous les jeunes gens qui ne seraient pas tombés au sort serviraient huit ans dans la réserve.

Deuxième système. — Tout citoyen valide serait soumis au service militaire, personnel et obligatoire, deux années dans l'armée active et six dans l'armée de réserve.

Nous reconnaissons que deux années suffisent difficilement pour former de bons soldats, les broyer à tous les services et leur donner l'esprit de corps. Il faudrait au moins trois ans; mais on ne peut demander à toute la jeunesse un sacrifice aussi long, priver aussi longtemps l'agriculture, l'industrie et les beaux-arts de ses bras et de ses intelligences les plus actives. Le budget lui-même succomberait sous cette augmentation de dépenses. Il faut donc se réduire à ne demander que deux années.

Le temps du service actif étant notablement réduit, les exemptions légales n'auraient plus les mêmes raisons d'être et devraient être restreintes dans une notable proportion.

Les fils aînés de veuve, de père aveugle ou septuagénaire ne devraient être exemptés du service actif que quand ils n'auraient pas un autre frère âgé de 17 ans, en état de les remplacer comme soutien de famille.

Les ecclésiastiques, séminaristes et novices seraient exempts du service actif en vertu des lois canoniques, qui leur interdisent de porter les armes. C'est en qualité d'aumôniers et d'ambulanciers qu'ils prendraient leur place sur les champs de bataille, comme ils viennent de le faire si vaillamment dans la dernière campagne.

Le corps des zouaves pontificaux, aussi bravé au combat que bien tenu dans les garnisons, formé de soldats de toutes les conditions, nous fait pressentir ce que serait une armée composée de toutes les classes, et semble créé pour ménager la transition de nos habitudes actuelles aux exigences de l'avenir.

Voilà les deux systèmes exposés fidèlement avec leurs avantages et leurs inconvénients. Dans les deux cas, l'effectif et les dépenses seraient à peu près les mêmes. La question est donc de savoir lequel vaut mieux : au point de vue des familles, que tous les hommes servent deux ans, ou qu'un tiers seulement serve cinq ans et que les deux tiers soient libérés; au point de vue militaire, d'une armée de 800,000 hommes parfaitement aguerris, autour desquels les réserves viendraient se grouper, ou d'une armée dans laquelle tous les hommes auraient servi deux ans seulement.

Il me semble que ce noyau de 800,000 hommes offrirait à l'armée un centre plus homogène, plus compacte, plus résistant que les hommes de deux années de service.

Dans le doute, je préférerais le premier mode, parce qu'il est plus dans nos mœurs et nos habitudes. Nous sommes braves sur le champ de bataille, mais nous n'avons pas un amour excessif de la caserne, et bien des jeunes gens se féliciteraient de pouvoir tirer un bon numéro, de se faire remplacer ou de remplacer eux-mêmes.

Quelque parti que l'on prît, les dispositions suivantes conviendraient également à l'un et à l'autre système.

De l'organisation des régiments.

Les corps se recruteraient dans une circonscription territoriale déterminée. Les régiments, outre les numéros d'ordre, porteraient le nom de leurs localités. Les conscrits ne perdraient ni le temps, ni l'argent pour aller rejoindre leurs dépôts, quelquefois très-éloignés. Les jeunes gens d'un même endroit seraient, il est vrai, exposés à un même danger; mais, en revanche, entourés de leurs amis, ils tiendraient à n'avoir pas à rougir devant les hommes avec lesquels ils vivront toute leur vie, et qui diront au pays leur bonne ou mauvaise conduite. Il y aurait rivalité de vaillance, une noble émulation de corps et de communes, chacun voudrait élever au-dessus des autres le drapeau de sa province.

L'armée se partagerait en armée active et en armée de réserve.

Armée active.

Il faudrait recourir à l'activité la plus énergique : on appliquerait à la caserne le régime des écoles militaires. L'emploi des jours et des heures serait déterminé. On entrecouperait les exercices par des études primaires ou plus élevées, selon les aptitudes; par des instructions religieuses, par des leçons de gymnastique et d'escrime. On multiplierait les manœuvres et les promenades militaires. On utiliserait les heures dangereuses des soirées d'hiver. Les troupes assisteraient le dimanche à la messe de l'aumônier. La diversité des occupations préviendrait l'ennui, et chacun s'empresserait d'apprendre son métier de soldat pour échapper à une année de service de plus.

En tout temps, les régiments actifs, formés en corps d'armée, seraient munis de toutes espèces d'armes, infanterie, cavalerie, génie, vivres, intendance, aumônerie et tous accessoires, de manière à être toujours prêts à entrer en campagne.

On donnerait un grand développement à l'arme de l'artillerie, qui est appelée à prendre une part de plus en plus prépondérante dans l'issue des combats.

On pourrait au contraire réduire l'effectif de la cavalerie. La rapidité et la longue portée des armes à feu ne permettant plus à la grosse cavalerie d'exécuter des charges, on se bornerait à former des régiments de cavalerie légère pour éclairer, fourrager et poursuivre les fuyards.

Armée de réserve.

L'armée de réserve se composerait de tous les hommes valides qui ne feraient pas partie de l'armée active. Elle serait formée en régiments et en corps d'armée.

Les deux premières classes de la réserve seraient appelées, chaque année, sur le champ de manœuvres, la première trois mois et la deuxième deux mois, sous les ordres d'officiers de l'armée de réserve.

Les six autres classes ne manœuvreraient qu'un mois par an.

En temps de guerre, toutes les réserves pourraient être appelées sous les drapeaux. Elles formeraient des régiments de marche, elles combleraient les vides qui se produiraient dans l'armée active et fourniraient des hommes aux compagnies de porteurs de blessés, pour éviter que cinq ou six soldats se retirent du combat sous prétexte d'enlever leur camarade blessé; aux Compagnies de chemins de fer, pour réparer immédiatement les voies détruites, et des employés de télégraphe, tous bien exercés.

Après huit ans, les hommes passeraient dans l'armée sédentaire. Ils ne feraient plus d'exercices, mais ils resteraient enrégimentés, avec leurs cadres au complet, prêts à partir, si les nécessités de la guerre l'exigeaient, jusqu'à l'âge de trente-deux ans.

Durant les mois de manœuvres et en temps de guerre, les réserves seraient soumises à la même discipline que l'armée active et toucheraient la même solde.

Engagements et réengagements.

On autoriserait les engagements et les réengagements; les premiers jusqu'à 30 ans, les seconds jusqu'à 35 ans.

Les réengagés conserveraient leurs grades et alimenteraient les troupes auxiliaires de la douane et de la gendarmerie.

Ils pourraient remplacer leurs parents dans l'armée active jusqu'au sixième degré, mais les remplacés seraient toujours tenus de faire les six années dans la réserve.

Des officiers.

Dans l'armée, le commandement est absolu, l'obéissance est passive. L'autorité doit être respectable pour être respectée. Plus la supériorité du chef est incontestable, plus la soumission des subordonnés est facile. Les officiers doivent donc s'efforcer d'acquérir ces qualités et de s'attacher l'affection de leurs soldats par leur bienveillance; ils peuvent être sévères pourvus qu'ils soient justes et polis. La partialité, le caprice et des manières méprisantes sont les abus de pouvoir que l'inférieur pardonne le moins à son supérieur. De bons officiers feront toujours de bons soldats.

Cette supériorité nécessaire est le résultat, dans une armée aristocratique comme celle de Prusse, du prestige de la naissance; dans une armée démocratique comme celle de France, du caractère personnel et d'une instruction supérieure. L'admission par un concours est la preuve légale de cette instruction supérieure.

Nul ne pourrait donc être officier s'il n'avait subi les examens réglementaires qui constateraient son instruction et qui justifieraient le droit qu'on lui donnerait de commander à ses semblables.

Plusieurs années de service dans les rangs ne peuvent suppléer aux examens. Un vieux soldat ne peut remplir la mission d'officier; il manque de manières, de capacité et d'autorité auprès des hommes qui la veille étaient ses égaux. Dans cette dernière guerre, nous avons vu de déplorables exemples de cette vérité.

Il y aurait des officiers de deux catégories commandant l'une l'armée active, l'autre la réserve.

Des officiers de l'armée active.

Les officiers de l'armée active passeraient, comme maintenant, par les Écoles Militaires, Polytechniques et spéciales, et arriveraient par le concours.

Tous devraient parler et écrire correctement l'anglais ou l'allemand.

Les jeunes gens qui, n'ayant pas été aux Écoles, voudraient cependant devenir officiers, concourraient avec les élèves sortant des Écoles jusqu'à l'âge de 25 ans.

Les sous-officiers ayant dix ans de grade seraient admis à passer des examens moins difficiles.

Une conduite irréprochable serait la première condition du maintien d'un officier au régiment, et le corps des officiers exercerait une sévère discipline sur ses propres membres.

Les sous-lieutenants, les lieutenants et les capitaines suivraient des cours et passeraient des examens.

De l'avancement.

La bonne tenue des troupes et les succès de la guerre dépendent en grande partie de la capacité des généraux. Le mode d'avancement est donc de la plus haute importance. La faveur et l'ancienneté étouffent également l'émulation et le talent, et appellent souvent aux fonctions les plus élevées des courtisans peu capables ou des vétérans usés par les années.

Les grades, dans notre armée, suivent généralement une marche régulière. Des règlements, très-sages, auxquels on se conforme le plus souvent, prescrivent les épreuves que doivent subir les officiers. Mais, faute de définir d'une manière précise les conditions requises absolument pour l'avancement, ils laissent trop de marge à l'arbitraire ou au moins au soupçon de partialité. Pour éviter ce grave inconvénient, on pourrait recourir à un mode d'avancement analogue à celui que les Prussiens emploient avec tant de succès pour leur état-major.

Les officiers ayant trois années du même grade pourraient concourir pour le grade supérieur. Les officiers admis dans ce concours scientifique seraient bien, il est vrai, seuls susceptibles d'avancement; mais cette condition ne serait pas seule déterminante, il faudrait en outre prendre en grande considération la conduite, l'aptitude, l'ancienneté et les actions d'éclat.

De cette façon, l'on serait certain de mettre en relief les hommes les plus éminents dans la plénitude de leurs forces physiques et intellectuelles, et d'enlever tout prétexte au mécontentement généralement répandu dans l'armée, où chaque officier se plaint, souvent à tort, de passe-droits, à son préjudice.

Les officiers d'état-major, ayant à diriger l'ensemble de l'armée, devraient avoir les connaissances les plus étendues et les plus variées : connaître chaque arme comme s'ils en faisaient partie, et unir la pratique à la théorie en rentrant de temps en temps dans les régiments.

Des officiers de l'armée de réserve.

Dans le premier système, les officiers de la réserve subiraient des examens avant d'être nommés; dans le second système, il serait préjudiciable à la société que les jeunes gens qui se destinent aux arts libéraux fussent obligés de rester deux ans à la caserne, au moment où ils travailleraient le plus efficacement à leur instruction. Ceux donc qui seraient munis d'un diplôme de bachelier ès-lettres, ès-sciences, ès-droit ou de médecine, ou qui passeraient un examen spécial, pourraient suivre un cours d'art militaire d'une année, à la condition de s'entretenir et équiper entièrement à leurs frais.

Au bout de l'année, ils subiraient un concours pour être officiers dans la réserve. S'ils n'étaient pas reçus, ils seraient obligés de faire la deuxième année de service actif ; mais ils pourraient con- courir de nouveau à la fin de cette seconde année.

Les officiers de la réserve seraient choisis, autant que possible, parmi les officiers demeurant sur les lieux.

Mais, comme le commandement militaire ne serait pas leur prin- cipale carrière et l'objet de leur ambition, les officiers supérieurs de l'armée de réserve seraient pris parmi les officiers supérieurs de l'armée active. Cette mesure aurait le double avantage d'assu- rer à la réserve des chefs plus expérimentés, et d'offrir plus de grades élevés à l'ambition des officiers actifs.

Solde.

Dans l'armée, plus que dans toute autre carrière, l'argent ne doit pas être l'unique mobile de l'action des hommes. On doit offrir à leur dévouement de plus nobles motifs, tels que le devoir, le patriotisme, l'honneur et l'expression de la considération publique. Les honoraires devraient être plutôt une indemnité qu'un béné- fice ; ils devraient être proportionnés aux frais et à l'instruction qu'exige chaque arme. La cavalerie recevrait 10 %, et les armes spéciales 20 %, par exemple, de plus que l'infanterie.

Pour fixer la proportion des appointements entre chaque grade, on devrait prendre encore en grande considération que les grades inférieurs sont remplis ordinairement par des jeunes gens céliba- taires, tandis que les grades élevés le sont généralement par des hommes qui ont à supporter les charges du ménage.

Les rations de fourrage ne seraient fournies qu'en nature et qu'autant qu'elles seraient réellement consommées.

Les ordonnances des officiers ne pourraient les suivre en congé, et seraient astreints aux exercices.

Des sous-officiers.

Il faut du temps pour former un bon corps de sous-officiers. Avec cinq années de service, vous pouvez l'obtenir ; avec deux années seulement, c'est presque impossible.

Dans chaque compagnie, les officiers dresseraient, d'après les notes de conduite, d'instruction et d'ancienneté, un tableau de promotions de soldats d'élite, de caporaux et de sous-officiers.

Le chef de corps, après avoir pris connaissance de ces propositions et les avoir discutées avec les officiers du régiment, nommerait les sujets qu'il croirait les plus dignes.

Il est essentiel que les sous-officiers et soldats reçoivent une solde suffisante pour qu'ils puissent se procurer une bonne nourriture à l'ordinaire. Mais il est inutile qu'ils aient beaucoup d'argent disponible, car on ne peut se dissimuler qu'ils le dépensent dans les cafés, au grand préjudice de la discipline.

Effectif des armées active et de réserve.

Le recensement de 1867 portait la population de la France au chiffre de.. 38,067,094 hab.

Le recensement de 1871, par suite des cessions de territoire, ne dépassera pas........................... 36,000,000 hab.

La proportion des conscrits à la population est de 86 %, ce qui donne. .... 309,000 hom.

Contingent 100,000 hommes : exemptés pour obtenir ce contingent qui rentrent dans la réserve............. 97,000 hom.

Bons billets rentrant dans la réserve........ 112,000

Total....... 209,000 hom.

dont il faut déduire 33 % pour exemptions..... 70,000

Reste à la réserve annuelle..:.... 139,000 hom.

Ainsi, dans huit ans, on aurait : troupe active, 800,000 hommes, moins le déficit de 6 % par an, soit 48,000, reste   752,000 hom.

La réserve, huit fois 139,000, soit 1,112,000, moins un déficit de 5 %, 56,000, reste........ 1,056,000

Total....... 1,808,000 hom.

Si l'on trouvait ce personnel trop fort, on pourrait le diminuer en réduisant soit le contingent actif à 80,000 ou 60,000 hommes; soit, ce qui serait moins à propos, le nombre des années de réserve ; soit encore prendre le même contingent et donner des congés.

Budget des Dépenses.

Ce système de grandes armées que nous impose la Prusse ne laisserait pas que d'être extrêmement dispendieux.

Chaque homme, y compris les appointements des officiers, ne

peut pas coûter moins de 1 fr. 75 par jour, soit pour les 475,000
hommes de l'armée active................... 305,000,000 fr.

Pour les 1,544,000 hommes de la réserve, y
compris les hommes des trois dernières années
de l'armée active rentrant dans la réserve...... 92,000,000

Nourriture de 70,000 chevaux, à 2 fr........ 51,000,000

Acquisition des chevaux, à raison de 600 fr.
l'un et de six ans de durée................... 7,000,000

Total................ 453,000,000 fr.
Plus pour matériel de guerre............... 147,000,000

Total............... 600,000,000 fr.

En présence de tels sacrifices de la part de la nation, il est du
devoir du ministre de la guerre de profiter de ce moment de réorganisation complète pour supprimer de nombreux abus; réduire
largement le personnel; pour restreindre les travaux et apporter
la plus scrupuleuse économie dans les constructions nécessaires.

Quand le contribuable verra clairement que son argent n'est
pas détourné pour d'autres objets que ceux qu'on énonce, qu'il est
employé en dépenses indispensables au service, il se résignera, et
son patriotisme paiera sans regret, quelque lourde qu'elle soit, sa
dette à l'État.

DES FORTIFICATIONS DE PARIS

Messieurs,

Les fortifications de Paris viennent d'être tellement endommagées dans ces deux siéges successifs, que vous allez être appelés nécessairement à vous en occuper. Veuillez donc me permettre de mettre sous vos yeux un article que je publiai sur ce sujet le 3 novembre 1843, dans le journal l'*Hermine*, de Nantes :

« Le coup de canon qui, en 1840, foudroya Beyrouth, retentit douloureusement dans le cœur des Français; ils virent avec stupeur les frontières dégarnies et notre flotte déserter les côtes presque nationales de la Syrie. On évoquait le fantôme de l'Europe coalisée, on ne parlait que d'invasion : on crut revoir le Cosaque camper dans la cour des Tuileries. Le Pouvoir voulut concentrer ses forces, et demanda les fortifications de Paris et huit cents millions pour les construire. On nom de l'étranger, les imaginations s'égarèrent; elles lui confièrent le salut de l'État, et firent entre ses mains les plus immenses, les plus aveugles sacrifices.

« En vain, un grand nombre d'hommes sérieux s'élevèrent contre ces forteresses, proclamèrent leur danger, les montrèrent plus menaçantes que l'étranger, et révélèrent la tyrannie cachée dans leurs flancs.

« En effet, les souverains se succèdent comme la feuille éphémère; mais ces citadelles seront éternelles; elles peuvent être appelées à obéir tour-à-tour à cent rivaux ennemis, et peuvent se tourner contre ceux mêmes qui les construisent. Elles mettront en apparence l'autorité au-dessus de tout contrôle, l'engageront à mettre sa volonté à la place des lois et la pousseront aux coups d'État. Il me semble de la plus haute témérité de livrer aux hommes une arme tellement meurtrière.

« Le feu grégeois assurait un succès certain à la flotte de

Louis XV, et il refusa d'acheter la victoire au prix d'un fléau aussi terrible pour l'humanité!

« Ces fortifications, après avoir engagé le Pouvoir dans des mesures illégales et des dangers inextricables, ne pourraient lui offrir un appui contre l'émeute.

« Tout gouvernement régulier repose sur les propriétaires et les classes aisées, honnêtes et laborieuses; il n'ira donc pas mitrailler les hôtels et les ateliers de ses amis; il ne pourrait se résoudre à brûler le dôme du Panthéon et les colonnades de la Madeleine, à semer la flamme dans les vastes galeries du Louvre; il n'oserait affronter les stigmates que l'histoire imprima au front de l'incendiaire d'Alexandrie.

« Mais que la ruse, la trahison ou la violence livre ces bastions à ces êtres que l'émeute fait surgir de sous terre, comme Satan évoque les démons des profondeurs de l'abîme, ces hommes se riront des arts et de la renommée. Aux yeux de leur coupable misère, posséder sera un crime irrémissible; leur haine contre tout propriétaire s'élèvera jusqu'au paroxysme de la rage, et leur farouche et sauvage énergie anéantira avec transport les richesses de leurs ennemis. Qu'on se représente Brissot, Marat, Danton, la Plaine et la Montagne se disputant et s'arrachant tour-à-tour ces forteresses, et faisant pleuvoir de toute part sur la ville les boulets homicides et les bombes enflammées.

« Les profondeurs de la Loire firent Carrier; les fortifications ne pourraient-elles pas faire un jour un Néron, un Caligula, désirant abattre d'un seul coup la tête du peuple français?

« Et comme tout doit être fatal dans cette déplorable entreprise, cette arme inutile pour l'ordre, si dangereuse aux mains de la révolte ou de la tyrannie, ne pourra, au besoin, se tourner utilement contre l'ennemi, devenir notre bouclier protecteur et sauver l'honneur national en danger. L'opinion des hommes de l'art est très-partagée à cet égard. L'avis personnel du ministre de la guerre, président du conseil, le maréchal Soult, était opposé à ces travaux. En effet, la muraille de la Chine a-t-elle préservé ce pays du fléau de vingt invasions? Athènes obéit derrière ses murailles, et Sparte, la ville ouverte, commanda au Péloponèse. Carthage et Jérusalem furent anéantis.

« Toutes les capitales fortifiées ont fini par la famine et l'incendie. Ce sont nos frontières que nous devons hérisser de forteresses; et cette barrière franchie, c'est en rase campagne, dans les plaines de Saint-Denis, que devrait se décider la victoire.

« Si Berlin, Turin, Vienne, Madrid, toutes les capitales que visita la fortune de l'empereur avaient été emportées d'assaut, que seraient-elles aujourd'hui? Que serait devenue la nationalité des peuples dont elles étaient le cœur? Le général n'expose pas, comme le soldat, la tête sur laquelle roule le sort d'une armée. Nous devons compte à la France, à l'Europe, de Paris, de cette reine de l'intelligence et de la civilisation, de ce diamant de l'univers.

« Un pressentiment invincible me dit que ces fortifications croissent pour la perte de cette cité, qu'elles seront pour elle la robe empoisonnée du Centaure; ces murs s'élèvent à mes yeux comme les lugubres parois d'un immense mausolée, et je redoute de voir renouveler à Paris les horreurs des siéges de Jérusalem, Rome et Constantinople. »

Il y a trente ans que je traçais ces lignes. Depuis, à ma grande douleur, les évènements sont venus successivement réaliser mes trois prévisions. Les fortifications ont été inutiles contre la Révolution de 1848; elles n'ont pu sauver Paris de l'invasion des Prussiens; elles leur ont donné le temps de ravager le tiers de la France; elles ont procuré aux communeux les moyens d'arrêter notre armée, d'assassiner les citoyens et de transformer les maisons particulières et les monuments de la capitale en une fournaise immense.

Voilà, dans leur cruelle vérité, les faits tels qu'ils se sont passés. On dit, il est vrai, qu'il n'en eût pas été ainsi si nos affaires eussent été mieux dirigées. Mais, à l'avenir, le seraient-elles mieux dans des circonstances analogues? Les mêmes causes ne produiraient-elles pas les mêmes effets? L'ennemi n'arrivera jamais sous les murs de Paris qu'après avoir détruit nos armées et anéanti nos forces, et sans que le plus grand désordre, suite de défaites successives, ne règne dans les choses et les esprits. Napoléon lui-même, en 1814 et 1815, avec les débris de ses troupes, l'épuisement de la France et les dissensions intestines qui n'eussent pas manqué de se produire autour de lui, n'eût pu, quoi qu'on en ait dit, résister derrière ces remparts à l'Europe coalisée, et sa résistance n'eût abouti alors qu'aux désastres dont nous venons d'être les malheureux témoins. Si les fortifications n'avaient pas existé, aujourd'hui Paris ne serait pas en cendres, et la France ne serait pas ruinée.

Rennes. — Imp. Catel.